ख़्वाबों का सफ़र

एक पहल

अतुल त्यागी

BookLeaf Publishing
India | USA | UK

Made with ❤ on the BookLeaf Publishing Platform
www.bookleafpub.in
www.bookleafpub.com

Dedication

"उन सभी के नाम, जिन्होंने मेरे शब्दों में अपनी कहानी महसूस की और इस सफ़र में मेरे साथ चले।"

Preface

शायरी केवल शब्दों को कागज़ पर उतारना नहीं, बल्कि उन जज़्बातों का इज़हार है जो अक्सर खामोशी में कहीं खो जाते हैं। हर इंसान के भीतर अहसासों का एक समंदर होता है जो कभी शांत होता है, तो कभी उफान पर। मेरी यह किताब,**ख्वाबों का सफर"** उन्हीं अहसासों को कागज़ पर उतारने की एक छोटी सी कोशिश है।

इस किताब में लिखी गई हर शायरी मेरे जीवन, के किसी न किसी अनुभव या अनकहे अहसास से जुड़ी है। कुछ प्रेम का इज़हार हैं, तो कुछ खोने की कसक, कुछ हकीकत हैं, तो कुछ अफ़साने ।

मगर शायरी तब मुकम्मल होती है जब वह पढ़ने वाले को अपनी सी लगे। अगर इस किताब को पढ़ते हुए आपको कहीं अपनी ही कहानी महसूस हो , या कोई शायरी आपके दिल के किसी अनछुए अहसास को जगा दे , तो मैं समझूँगा की मेरे इस सफ़र की सही शुरुआत हुई इस सफ़र में मेरा साथ देने के लिए और इन शब्दों को अपना वक्त देने के लिए आपका दिल से आभार ।

उम्मीद है, मेरी ये किताब आपके दिल पर अहसासों की दस्तक देगी I

"

Acknowledgements

आपके लिए .....

शायरी कागज़ पर उतरने से पहले ख़्वाब में आती है फिर दिल में उतरती है। मेरे ख़्वाब, मेरे अहसास दिल तक पहुँचाने वाले वो सभी खास लोग जो इस सफर में मेरे साथ चले हैं , उनका शुक्रिया अदा करना महज़ एक औपचारिकता नहीं, बल्कि एक सुकून भरा एहसास है ।

शुक्रिया मेरे परिवार के उन सभी लोगों का जिन्होंने मुझे महसूस करना सिखाया। शुक्रिया, जो तुम मेरी खामोशियों को भी पढ़ लेते हो, शुक्रिया अपने हिस्से के वो पल मुझे देने के लिए, शायद इसीलिए मैं इतना लिख पाया I मेरी हर शायरी और हर लिखे में कहीं न कहीं तुम्हारी परछाई है।

शुक्रिया मेरे दोस्तों का, जो मेरी महफ़िल भी हैं और मेरे राज़दार भी। जब मैं खुद पर भरोसा नहीं कर पा रहा था, तब उन्होंने मुझे सुना, सराहा और लिखने के लिए प्रोत्साहित किया।

शुक्रिया **Book Leaf Publication** का, जिन्होंने मेरे ख़्वाबों को पन्नों पर उतार कर एक किताब की शक्ल दी और मुझे इस रास्ते पर चलने का हौंसला दियाI

और अंत में, शुक्रिया **जिंदगी** का... हर उस खुशी और हर उस दर्द के लिए जिसने मुझे महसूस करना और लिखना सिखाया I

सस्नेह, आपका

अतुल त्यागी

1. कहानी के सुंदर किरदार जैसी

कहानी के सुंदर किरदार जैसी हो
नैया चलाती पतवार जैसी हो

दिन भर झुलसता ये गर्मी का मौसम
बारिश की ठंडी फुहार जैसी हो

तुम्हारे बिना नहीं कुछ भी मुमकिन
छत को सम्भाले दीवार जैसी हो

चांदी सा बिखरा उजाला तुम्हारा
आसमाँ में चाँद के दीदार जैसी हो

साँसों में बसती है खुशबु तुम्हारी
फूलों पे खिलती बहार जैसी हो

होकर बेकाबू धड़कता है ये दिल
मोहब्बत के पहले इज़हार जैसी हो

दिये सी चमकती ये आंखें तुम्हारी
दिवाली के पावन त्यौहार जैसी हो I

2. ज़माना देखता है

मुझे मुस्कराते हुए ज़माना देखता है
हकीकत तो बस आईना देखता है

महले दोमहले की चाहत नहीं है
जो बेघर है बस ठिकाना देखता है

जायेगी जान परिंदे की लेकिन
शिकारी तो बस निशाना देखता है

बदली सी हैं कुछ निगाहें तुम्हारी
ऐसे तो बस बेगाना देखता है

देखते हैं तुमको हसरतों से ऐसे
शमां को बस परवाना देखता है

बताता है ऐसे कोई काम हो ज़रूरी
वो मिलने का बस बहाना देखता है ।

3. नींद टूटेगी तो बिखर जाउंगा

ख्वाब हूं नींद टूटेगी तो बिखर जाउंगा
इतना अज़ीज़ नहीं कि दिल में उतर जाउंगा

जो कर दे परेशाँ मैं वो आदत नहीं हूं
बस एक नशा हूं धीरे-धीरे उतर जाउंगा

ना घबराओ इतना मेरी नजदीकियों से
हवा का झोंका हूं छूकर गुजर जाउंगा

मखमली छाया है रेशमी जुल्फों की मगर
मैं वो मुसाफ़िर नहीं कि ठहर जाउंगा

कोई वादा नहीं किया जिंदगी से कभी
मुझको लगता है वादे से मुकर जाउंगा

तेरी महफिल से निकला तो चल पड़ा हूं
मुझे खुद नहीं पता अब किधर जाउंगा l

4. बेमतलब से कुछ लहजे

बेमतलब से कुछ लहजे सुनाई दे रहे हैं
अभी हैं नींद से जागे अंगड़ाई ले रहे हैं

हुआ ना आज तक जिनसे कभी कोई काम अच्छा
जमाने भर को भर भर के बुराई दे रहे हैं

ग़लतफ़हमी में अपने आप को कहते हैं सूरज
अंधेरे में कुछ जुगनू दिखाई दे रहे हैं

भरी सर्दी में रखते हैं सभी का ध्यान ऐसे
पानी से भरी गीली रज़ाई दे रहे हैं

कलम जिनकी नहीं खुलती पूरा दिन भी शायद
सबको काम की देखो दुहाई दे रहे हैं

उनकी आदतों से हैं सभी पहले से वाकिफ़
न जाने आज क्यों इतनी सफाई दे रहे हैं I

5. वो अगर दिल में नहीं

वो अगर दिल में नहीं तो यादों में क्यूँ है
बनके कोई साया मेरे ख्वाबों में क्यूँ है

ये उजाला है उसका या धोखा हुआ है
वो जलता तो नहीं फिर चिरागों में क्यूँ है

कुछ तो है मतलब निगाहों का उसकी
कोई बात है अगर तो इशारों में क्यूँ है

कोई उलझन है वो या पहेली है शायद
कोई ज़वाब नहीं उसका तो सवालों में क्यूँ है

मैं चांदनी में बैठा आसमाँ को देखता हूँ
वो चांद है ज़मीं का तो सितारों में क्यूँ है

रोशन है महफ़िल, हम बैठे हैं तन्हा
जो लगता है अपना बेगानों में क्यूँ है I

6. कोशिशें करते हैं

दर्द से बाहर आने की कोशिशें करते हैं
ये ज़ख़्म पुराने हैं जरा देर से भरते हैं

नजदीकियां बनती हैं परेशानी का सबब
कुछ फूल हैं जो छूने भर से बिखरते हैं

दिल में उठता है उदासियों का शोर मगर
चुपचाप ये आँसू आंखों से निकलते हैं

ठहर जाते हैं कदम एक दरवाजे के आगे
चलते हुए जब भी उस गली से गुजरते हैं

है दरख्त भी अब तो तन्हाई के मारे
परिंदे भी आकर मुश्किल से ठहरते हैं

7. मुस्कराते हैं फ़ूलों की तरह

मुस्कराते हैं फ़ूलों की तरह खिलते भी रहते हैं
मंज़िल का कुछ पता नहीं चलते भी रहते हैं

जादू है उस खंजर में या हुनर है उन हाथों का
हम जख्म भी उनसे खाते हैं हंसते भी रहते हैं

कुछ अलग ही मिजाज़ है परवानों की चाहत का
जाते हैं नज़दीक शमां के जलते भी रहते हैं

चल रहे हैं नंगे पैर हम जिन्दगी की रेत पर
बनते हैं कदमों के निशां मिटते भी रहते हैं

दुनिया भर का दर्द समेटे खामोशी से सहते हैं
आँखों से चुपचाप मगर कहते भी रहते हैं I

8. कौन कब, क्यूँ

कौन कब, क्यूँ , कैसे, ये फ़साद नहीं रखता
ये बेमतलब की बातें, मैं याद नहीं रखता

हर किसी से पाने की उम्मीद ना रख
बादल का हर टुकड़ा बरसात नहीं रखता

बन जाता है बोझ जो भी काम का ना हो
सूखे पत्तों को दरख्त अपने साथ नहीं रखता

चमकते सूरज को होता है सलाम सभी का
कोई पूजा में फूल मुरझाने के बाद नहीं रखता

सब अच्छा है अगर तो सब लोग तुम्हारे हैं
बुरे वक्त में कोई कंधे पर हाथ नहीं रखता

अगर बनना है बड़ा तो कुछ पुख्ता चाहिए
कच्ची ईंटों से कोई बुनियाद नहीं रखता I

9. इतने बेक़रार हुए कैसे

हम इतने बेचैन हम इतने बेक़रार हुए कैसे
ये उन आँखों की खता है मग़ार कोई कहे कैसे

नजदीक है वो इतने कि दूरी नहीं है कुछ भी
हाथ बढ़ा कर उन्हें मग़ार कोई छुए कैसे

कातिलाना है उनकी तीखी नज़र भी यारो
हो जाये उनसे सामना अगर कोई बचे कैसे

जज्बातों के तूफ़ाँ हर दिल में दबे हुए हैं
कहना तो सबको है मग़ार कोई सुने कैसे

राहत नहीं है कोई जिन्दगी के सफ़र में
मुश्किल है ऐसे जीना मग़ार कोई मरे कैसे I

10. फ़लक पर चमकते सितारे

फ़लक पर चमकते सितारे रहे होंगे
इन आँखों में ख्वाब तुम्हारे रहे होंगे

साथ साथ रहना मगर मिलना नहीं है
किसी दरिया के हम दो किनारे रहे होंगे

मिलना बिछड़ना तो किस्मत है लेकिन
तेरी यादों के हमको सहारे रहे होंगे

सितारों की महफ़िल में चाँद से मिलना
बहुत खूबसूरत वो नज़ारे रहे होंगे

अपनी कश्ती को तूफ़ाँ में बहते हुए देखा
वो मल्लाह भी कितने बेचारे रहे होंगे I

11. टूटे पत्तों का ठिकाना

टूटे पत्तों का ठिकाना नहीं होता है
रात से पहले घर जाना नहीं होता है

मेरी मुस्कुराहट यूँ ही दिखेगी हमेशा
नकली फ़ूलों को मुरझाना नहीं होता है

वो मुझसे नज़रें चुराता है अक्सर
दिल दुखाने का जुर्माना नहीं होता है

ये अधूरापन भी मेरे साथ ही रहेगा
हर ख़ाली जगह को भर जाना नहीं होता है

तुम समझते हो तो बता देता हूं वर्ना
हर किसी को हाले दिल बताना नहीं होता है

पूछा किसी ने प्यार करते हो कितना
प्यार करने का कोई पैमाना नहीं होता है

रूठने की आदत अब नहीं है हमारी
किसी ने भी हमको मनाना नहीं होता है I

12. नशे में चूर हो जाऊँ

मैं होश में रहूँ या नशे में चूर हो जाऊँ
पास आ जाऊँ तेरे या तुझसे दूर हो जाऊँ

कुछ तो ऐसा हो जो साथ रहे उम्र भर
जख्म बनके रहूं या नासूर हो जाऊँ

ये ज़माना ये दुनिया सब किस के लिये है
तोड़ दूँ सारी रस्में या मजबूर हो जाऊँ

तेरे होने भर से बदल सकती है दुनिया
बन जाऊँ आफताब या बेनूर हो जाऊँ

क्या सही क्या ग़लत ये कौन समझेगा
खता कर लूं कोई या बेकसूर हो जाऊँ I

13. वक्त यूँ ही गुजर जाने दो

ये वक्त यूँ ही गुजर जाने दो
आगोश में अपने बिखर जाने दो

सीने से लगा लो मैं जी भर के रो लूँ
अश्कों से आखें निखर जाने दो

कर दो उजाला मेरे सूने घर में
चाँद ज़मी पर उतर जाने दो

माथे को मेरे होंटों से छू लो
मेरी भी किस्मत संवर जाने दो

बहुत थक गया हूं भटकते भटकते
दहलीज पर अपनी ठहर जाने दो l

14. मैं किसी का हुआ नहीं

ये माना मैं किसी का हुआ नहीं
वैसे बंदा मैं इतना बुरा नहीं

अंधेरे की जैसे आदत है मुझे
मेरी चौखट पे कोई दिया नहीं

ये उदासी ये तन्हाई साथी हैं मेरे
मेरे लिये ये कुछ भी नया नहीं

वक़्त के साथ बदल जाते हैं सब
यहां कोई किसी का सगा नहीं

नज़र लगी है बगीचे को किस की
कोई फ़ूल अभी तक खिला नहीं l

15. पुराने पन्ने डायरी के

पुराने पन्ने डायरी के अब फट रहे हैं
बढ़ रही है उम्र और हम घट रहे हैं

मिलने मिलाने का अब वो मन नहीं है
धीरे धीरे खुद में ही अब सिमट रहे हैं

पुराने पत्तों को शाख से गिरना होगा
नई सड़क से पुराने मकान हट रहे हैं

बारिश की कोई अब उम्मीद नहीं है
काजल जैसे गहरे बादल छंट रहे हैं

कर दो हमको एक साथ बाहों में भर लो
तन्हा तन्हा टुकड़ों में हम बंट रहे हैं।

16. कोई शोर उठा है क्या

कहीं दूर कोई शोर उठा है क्या
तुम्हें भी कुछ धोखा हुआ है क्या

आसमाँ में तारे क्यूँ इतरा रहे हैं
चाँद बदली में कहीं छुपा है क्या

करते हो बातें हंस हंस के मुझसे
मेरी ख़ामोशियों को सुना है क्या

भर रहे हैं ज़ख्म बस छूने भर से
हाथों में तुम्हारे कोई दवा है क्या

शिकायत बहुत हैं सभी को मुझसे
तुम्हें भी मुझसे कोई गिला है क्या l

17. बहता सा काजल

ये बहता सा काजल अच्छा नहीं है
ये चांद पे बादल अच्छा नहीं है

ना गर्मी से राहत ना सर्दी की चाहत
मौसम आजकल अच्छा नहीं है

पानी में उतरे मगर फंस गए हैं
ये पैरों में दलदल अच्छा नहीं है

खुद को संभालो ज़रा मुस्कराओ
मन इतना बेकल अच्छा नहीं है

ना घबराओ इतना मेरे पास आओ
जुदाई का ये पल अच्छा नहीं है I

18. कोई ठहर गया हो जैसे

साथ साथ चलते कोई ठहर गया हो जैसे
करके किसी से वादा कोई मुकर गया हो जैसे

मैं हो रहा हूँ रोशन तेरी ही रोशनी से
पूनम की चाँदनी में कोई निखर गया हो जैसे

इस दिल की धड़कनों पर उजले से कुछ निशां हैं
सुबह सवेरे ओस पर कोई गुजर गया हो जैसे

मेरा वज़ूद सारा हो रहा है ज़र्रा ज़र्रा
लगकर किसी के सीने कोई बिखर गया हो जैसे

जख्म मिला है गहरा भरना है इसका मुश्किल
सीने में बनके खंजर कोई उतर गया हो जैसे l

19. तुम सा बदलना चाहता हूं

मैं अपने आप को तुम सा बदलना चाहता हूं
छुपा कर दर्द सारे मुस्कुराना चाहता हूं

मैं डरता हूं अंधेरी रात की तन्हाइयों से
तुम्हारी रोशनी सा जगमगाना चाहता हूं

मेरी नींदों में हो जाए खुशियों का उजाला
मैं अपने ख्वाब में तुमको बुलाना चाहता हूं

मेरी आंखें तरसती हैं घड़ी भर के सुकूं को
तुम्हारे पास पल दो पल ठहरना चाहता हूं

लगा दूं हाथ से काजल का एक छोटा सा टीका
तुम्हें दुनिया की नजरों से बचाना चाहता हूं

बढ़ जाए मेरी कीमत कि मैं बन जाऊँ सोना
मैं अपनेआप को तुमसे छुआना चाहता हूं

ज़माने भर के सारे ग़म रहें सब दूर तुमसे
हंसाने का तुम्हें ज़िम्मा उठाना चाहता हूं l

20. दिल को निशाना

मेरे दिल को निशाना बनाना नहीं था
तुम्हें आंखों में काजल लगाना नहीं था

आंखों में तेरी डूब जाने का डर है
ये पलकों का पर्दा उठाना नहीं था

नींदों की रातों से अब दुश्मनी है
आंखों में तुमको बसाना नहीं था

दिल में तुम्हारे इक जगह ढूंढते थे
हम बेघर थे कोई ठिकाना नहीं था

मेरे हाथ में तीर आ भी गया था
मग़र मेरा सच्चा निशाना नहीं था

हवाएँ तो पहले भी चलती थीं लेकिन
मौसम ये इतना सुहाना नहीं था I

21. मेरी नज़रों का धोखा

ये मेरी नज़रों का धोखा हो सकता है
या मेरी तरफ़ उसका इशारा हो सकता है

हम गहरे अंधेरों में किसी को ढूंढते हैं
हां जिसकी निगाहों से उजाला हो सकता है

बड़ा मुश्किल है अंदाजा किसी की चाहतों का
समंदर भी किसी दरिया का प्यासा हो सकता है

बनाने को किसी का घर ना उसको काट डालो
दरख्तों पर परिंदों का ठिकाना हो सकता है

चले आओ कभी मिलने हमारा हाल पूछो
जरूरी काम का कोई बहाना हो सकता है I

22. कोई किनारा हो जाये

मेरी कश्ती का भी कोई किनारा हो जाये
तेरे साथ गुरबत में गुजारा हो जाये

मिल जाये अंधेरे में झलक भर का उजाला
चमकता सा कोई जुगनू सितारा हो जाये

हो जाएं मुकम्मल हम तेरी सोहबत में आकर
तेरे कंधों का रोने को सहारा हो जाये

बिना बोले मैं तेरे दिल की सारी बात समझूँ
अगर आंखों ही आंखों में इशारा हो जाये

निकल आया कहीं सूरज मगर है रात बाकी
उठा ले तू जो पालकों को सवेरा हो जाये ।

23. सूरज तपता होगा

बाहर सूरज तपता होगा
तुम अपना रंग बचा के रखना

सबसे अच्छी आदत है ये
तुम अपने पास किताबें रखना

पागलपन अच्छा है लेकिन
थोड़ा होश संभाले रखना

मैं तो एक दिन खो जाऊंगा
तुम साथ हमारी यादें रखना

मैं अंधेरों का आदी हूं
तुम अपने साथ उजाले रखना I

24. उजाला किया है किसी ने

अंधेरे में उजाला किया है किसी ने
इन पलकों को होंठों से छुआ है किसी ने

घिरने लगीं हैं फिर गहरी घटाएँ
काली आंखों से जादू किया है किसी ने

रिमझिम बरसती ये बारिश की बूंदें
मेरा नाम जुबां से लिया है किसी ने

किनारे पे होठों के सुर्ख निशां है
इस प्याले से कुछ तो पिया है किसी ने

सौदा नहीं है मोहब्बत में कोई
ऐसा भी शायद लिखा है किसी ने

दे दी तसल्ली मुझे जाते जाते
मिलते रहने का वादा किया है किसी ने

मेरे पास जो है बहुत क़ीमती है
अपनी यादों का तोहफ़ा दिया है किसी ने।

25. मुस्कराने से तेरे

मुस्कराने से तेरे राहत बहुत है
जिंदगी से वैसे शिकायत बहुत है

बस तू ही ज़हन से जाता नहीं है
मुझे भूल जाने की आदत बहुत है

भरोसा किसी पे करें भी तो कैसे
दुनिया में झूठी शराफत बहुत है

आंखों का तेरी उजाला है वर्ना
ये रात अंधेरी कयामत बहुत है

कहने को तेरा कुछ भी नहीं मैं
मगर दिल में तेरी चाहत बहुत है

नजरों से दिल को बचायें भी कैसे
ये आखों में काजल आफ़त बहुत है 1

26. ये उजाला है कैसा

ये उजाला है कैसा दिया बुझाने के बाद
चला जाता है ख्वाब मुझे जगाने के बाद

आसान से सफ़र में आती हैं मुश्किलें भी
छुआ है फूलों को हमने काँटे हटाने के बाद

शिकवा भी हमसे फिर मोहब्बत भी हमसे
कोई रोता है खुद भी मुझे रुलाने के बाद

रूठा हुआ सा हमसे जाने कहाँ छुपा था
चाँद बदली से निकला है समझाने के बाद

बस कुछ देर की है ये नाराजगी हमारी
कोई रूठा कैसे रहे उसके मनाने के बाद

सब कुछ था मुकम्मल मौजूदगी से तेरी
कोई रह गया अधूरा तेरे जाने के बाद ।

27. गलती हो गई हमसे

गलती हो गई हमसे उसे अपना समझने में
लगेगा वक्त थोड़ा सा उसे दिल से निकलने में

कि जैसे हो गये पत्थर किसी की ठेस लगने से
लगेगा वक्त थोड़ा सा हमें फिर से पिघलने में

चले आये बहुत ऊपर बिना सोचे बिना समझे
लगेगा वक्त थोड़ा सा अभी नीचे उतरने में

हुआ है दर्द भी कोई लगी है चोट भी शायद
लगेगा वक्त थोड़ा सा मेरे ज़ख्मों को भरने में

अभी उलझा हुआ हूँ मैं वक्त का फ़ेर है शायद
लगेगा वक्त थोड़ा सा ये मसला सुलझने में

कि हमने खाई है ठोकर किसी के साथ चलने में
लगेगा वक्त थोड़ा सा हमें गिर कर सम्भलने में I

28. ये कहानी है

ये कहानी है इसमें हकीकत नहीं है
मगर हमको कोई शिकायत नहीं है

कहती हैं धड़कन तुम्हें कुछ बता दूं
होठों को इसकी इजाजत नहीं है

अंधेरों में कटती हैं रातें हमारी
हमें रोशनी की सहूलत नहीं है

खुली आंखों में भी हैं सपने तुम्हारे
हमें नींद की भी जरूरत नहीं है

भले उम्र भर हमसे दूरी बना लो
मग़र ये ना कहना मोहब्बत नहीं है I

29. यादें रह जाएंगी

सुनहरे वक्त की यादें रह जाएंगी
जहन में तुम्हारी बातेँ रह जाएंगी

तुम नहीं तो बारिश में कौन भीगे
सूखी सूखी अब बरसातें रह जाएंगी

एक चेहरा मुकम्मल पढ़ लिया है
सब अधूरी किताबें रह जाएंगी

उसकी एक नज़र कर देगी सबको घायल
रखी म्यान में सब तलवारें रह जाएंगी

उसके आगे फीकी है गुलशन की रौनक
सब फ़ूलों की बंद दुकानें रह जाएंगी I

30. दिलकश मंजर और नज़ारे

हम दिलकश मंजर और नज़ारे नहीं जानते
ये दिल का सौदा और ख़सारे* नहीं जानते

अंधेरों को मान लिया है अपना साथी
हम रात चांदनी और सितारे नहीं जानते

जिनकी अपनी दुनिया हो गहरे सागर में
वो उथला पानी और किनारे नहीं जानते

शाप लगा हो जिनको बंजर हो जाने का
फूलों की खुशबू और बहारें नहीं जानते

ठौर ठिकाना हम बंजारों से मत पूछो
हम घर का आंगन और दीवारें नहीं जानते

मिला है जिनको सब कुछ घर में बैठे बैठे
वो धक्का-मुक्की और कतारें नहीं जानते

दिल में जो है हमसे सीधा-सीधा कह दो
हम चेहरा पढ़ना और इशारे नहीं जानते I

*खसारे - घाटा

31. ये दर्दे दिल है जो

ये दर्दे दिल है जो आँखों से निकल रहा है
वो मौसम तो नहीं फिर कैसे बदल रहा है

मेरी आँखों के आगे आज ये मंजर है कैसा
ना जाने कौन उसका हाथ थामे चल रहा है

मैं अपने आप को दुश्मन से तो महफ़ूज़ कर लूँ
मगर ये कौन है जो दोस्त बनके छल रहा है

हकीक़त से नहीं इसका कोई भी वास्ता है
ये झूठा ख़्वाब है पलकों के नीचे पल रहा है

चलो अच्छा है सर्दी में तुम अपने हाथ सेको
मैं जाके देखता हूँ मेरा घर कैसे जल रहा है ।

32. दर्द सहने के लिये मजबूर हो जायेंगे

दर्द सहने के लिये मजबूर हो जायेंगे
मत कुरेदो ये ज़ख्म नासूर हो जाएंगे

खिला रहे हो जिनको अपनी चोंच का दाना
ऐसे उड़ेंगे एक दिन बहुत दूर हो जायेंगे

इठला रहे हैं आज जो अपनी चमक पे
फूल मुरझाने के बाद बेनूर हो जायेंगे

मुझ पर ही इल्ज़ाम आयेगा इस बेवफ़ाई का
वो मेरी जान लेकर भी बेकसूर हो जायेंगे

लिखने वालों को चाहे भुला दे जमाना
किरदार कहानी के मग़र मशहूर हो जायेंगे I

33. ये दर्दे दिल है जो आँखों से निकल रहा है

ये दर्दे दिल है जो आँखों से निकल रहा है
वो मौसम तो नहीं फिर कैसे बदल रहा है

मेरी आँखों के आगे आज ये मंजर है कैसा
ना जाने कौन उसका हाथ थामे चल रहा है

मैं अपने आप को दुश्मन से तो महफ़ूज़ कर लूँ
मगर ये कौन है जो दोस्त बनके छल रहा है

हकीक़त से नहीं इसका कोई भी वास्ता है
ये झूठा ख़्वाब है पलकों के नीचे पल रहा है

चलो अच्छा है सर्दी में तुम अपने हाथ सेकों
मैं जाके देखता हूँ मेरा घर कैसे जल रहा है I

34. तुमसे दिल की बातें करना

तुमसे दिल की बातें करना
और रातों को तारे गिनना

कभी कभी अच्छा लगता है
कुछ खास पुराने गाने सुनना

तुम कहती हो डर लगता है
हाथ पकड़ कर आगे चलना

आगे मुश्किल भी आएंगी
सोच समझ कर राहें चुनना

सीख लिया है तुमने कैसे
सच्चे झूठे वादे करना

सुन्दर हैं ये गहरी आंखें
इनमें काजल डाले रखना 1

www.ingramcontent.com/pod-product-compliance
Lightning Source LLC
Chambersburg PA
CBHW070651240926
51846CB00003BA/868
9789375276906